엄마의 정원

엄마의 정원

초판 1쇄 인쇄　2025년 07월 10일
초판 1쇄 발행　2025년 07월 25일

신고번호　제313-2010-376호
등록번호　105-91-58839

지은이　유순정

발행처　보민출판사
발행인　김국환
기획　김선희
편집　현경보
디자인　김민정

ISBN　979-11-6957-369-6　　03810

주소　경기도 파주시 해울로 11, 우미린더퍼스트@ 상가 2동 109호
전화　070-8615-7449
사이트　www.bominbook.com

- 가격은 뒤표지에 있으며, 파본은 구입하신 서점에서 교환해드립니다.
- 이 책은 저작권법에 의하여 보호를 받는 저작물이므로 무단 전재와 복사를 금합니다.

엄마의 정원

유순정 시집

너라는 계절이 곁에 있어
내 하루는 늘 따뜻하다

추천사

　유순정 시인의 시집 『엄마의 정원』을 처음 펼치는 순간, 한 여인이 세상의 이름으로 불리기 전, 오롯이 자신의 이름으로 살아냈던 시간을 들여다보는 듯한 기분이었다. 그 정원엔 무수한 꽃들이 저마다의 사연을 안고 피어 있었고, 바람결에는 사랑, 상실, 기다림 같은 오래된 감정의 향기가 섞여 있었다. 시인의 언어는 엄마이기 이전의 한 여인이 품었던 삶의 갈피이며, 그 안에는 꾹꾹 눌러 담아온 속마음과 끝내 말하지 못했던 고백이 조용히 피어나고 있었다. 그 시 한 편 한 편은 삶의 뒤란에서 건져 올린 고요한 진실이며, 우리가 잊고 지낸 마음의 조각들을 살그머니 꺼내 보여준다.

무엇보다 시인이 세상을 바라보는 시선은 유난히 섬세하고 따뜻하다. 찻잔 속 김을 행복이라 말하고, 찬 바람 속의 수국에서 숨결을 발견하며, 콩국수 위에 얹힌 오이채 하나에 삶의 풍경을 담아내는 감각. 시인은 사물과 감정을 경계 없이 어루만지며, 일상 속에 스며든 기억과 감정을 자연스럽게 꺼내 보인다. 이 섬세함은 시인의 시선이 언제나 대상과 함께 숨 쉬고 있다는 증거다. 그는 꽃을 보고, 별을 보고, 사람을 바라보되, 늘 그 안에서 자신의 기억과 사랑과 고백을 함께 꺼내어 놓는다. 그렇기에 독자는 시인의 시를 읽는 동시에 자신의 오래된 감정과 마주하게 된다.

시집은 총 4부로 구성되어 있다. 제1부 〈노을처럼 아름다운 그대에게〉에서는 첫사랑의 붉은 감정, 우정과 인연의 소중함, 그리고 함께 걸어온 시간에 대한 따뜻한 고백이 펼쳐진다. "행복은 찻잔 속에 피는 김이다 / 손에 잡히지 않지만 / 그 따스함은 오래 남는다"는 시구처럼, 시인의 사랑은 소리 없이 세상을 밝혀주는 별빛 같고, 조건 없이 등을 비비는 고양이 같고, 마음에 싹 틔우는 씨앗과도 같다.

제2부 〈꽃으로 살고 싶다〉는 제목 그대로, 꽃처럼 피어나고 싶었던 시인의 바람이 담긴 장이다. 통도사 매화, 순천만 국가정원, 유채꽃, 동백꽃… 계절마다 피어난 꽃들을 통해, 시인은 기다림과 인내, 그리고 조용한 환희를 노래한다. 특히 '꽃으로 살고 싶다'에서는 "꽃이 피면 나비로 / 꽃이 지면 봄비로 / 꽃밭에서 꽃처럼 살고 싶다"고 읊조린다. 그 마음은 결국, 사람으로 살되 꽃처럼 아름답게, 그리고 조용히 이웃을 살피며 살고 싶은 시인의 염원이 담겨있다.

제3부 〈세월은 단 한 번도 나를 돌아보지 않았다〉는 삶의 무게가 고스란히 담겨있다. 그 무게는 회고이자 성찰이다. '지우개'에서 시인은 "사랑은 시간 속에 피는 꽃 / 마음에 짙게 새긴 글자 / 아무리 지우려 해도 / 달빛 속 그림자처럼"이라 했고, '부부'에서 "우리 사랑 / 그 어떤 말로도 설명할 수 없는 / 서로에게 가장 큰 기적이었음을" 고백한다. 그리움, 슬픔, 상실 속에서도 삶을 버텨낸 힘은 결국 '사랑'이었음을, 시인은 거듭 확인한다.

그리고 마지막 제4부 〈희망이 꽃처럼 피어나길〉은

이 시집의 가장 빛나는 종착지다. '희망'에서는 "희망이란 / 이름 없는 작은 빛 / 손에 쥐어지지 않는 따뜻함"이라 말하며, 고통 속에서도 다시 피어날 수 있는 용기를 심어준다. "바람 불고 비가 내려도 / 우리 삶 속에 피어나는 / 아름다운 꽃처럼"이라는 마지막 시구는, 바로 이 시집이 독자에게 건네는 진심 어린 인사와도 같다. 무수한 고통과 흔들림 속에서도 살아가야 한다면, 그 삶은 한 송이 꽃으로 피어나야 한다는 고요한 외침.

이 시집을 추천하는 이유는 단순하다. '엄마'라는 존재의 무게를 알고 살아온 이들이라면, 그 정원이 얼마나 따뜻하고 눈물겨운 곳인지 이미 알고 있기 때문이다. 시인은 우리 모두의 마음속에 자리한 엄마를 다시 불러내고, 그 품에서 피어난 수많은 감정들을 정성껏 되살려낸다. 그 시들은 우리의 잊힌 기억을 불러오고, 때로는 마음 한구석을 찡하게 흔들기도 한다. 시인이 씨앗처럼 흩뿌린 언어는 독자 안에서 조용히 발아하며, 어느 봄날 꽃처럼 피어날 것이다.

지금 이 시집을 펼치는 당신, 어쩌면 당신의 마음에도

조용히 바람이 불고 있는지 모른다. 그 바람 따라 피어나는 시 한 편이 당신의 위로가 되기를. 그리고 『엄마의 정원』처럼, 누군가에게 당신도 따뜻한 기억으로 남기를 진심으로 바란다.

2025년 7월
편집위원 **김선희**

시인의 말

　먼저 이 책을 읽고 계시는 모든 분들께 진심으로 감사의 마음 전합니다. 사람들은 가끔 누군가의 위로가 필요할 때가 있다고 생각합니다. 저 역시 때로는 누군가의 위로가 필요했습니다. 이 작은 책에는 그동안 나를 지탱해 온 감정의 흔적들이 담겨 있습니다. 현장에서의 수많은 만남과 그 속에서 느낀 고통과 회복의 순간들이 이 시집의 밑거름이 되었습니다. 살아가면서 경험하는 모든 일상이 시가 될 수 있고 내적 감정을 표현하는 가장 좋은 방법이 시라고 생각합니다.

　단순히 언어를 나누는 것만이 아니라, 시를 통해 위로

가 필요한 사람들이나 나 자신을 위로하고 싶었습니다. 이 작은 시집 하나가 누군가에게 따스한 빛이 되고, 고단한 삶의 여정 속에서 잠시 쉬어갈 수 있는 쉼터가 되기를 바라며, 시를 통해 많은 사람들의 마음이 평온해지고 행복해지길 진심으로 기원합니다.

송은 유순정

목차

추천사 • 4
시인의 말 • 9

제1부. 노을처럼 아름다운 그대에게

행복 • 18
인연과 나 • 20
첫사랑 • 22
곁에 있어 준 사람 • 24
동백섬 산책길 • 26
광안리 • 28
산책 • 30
사랑한다면 • 31
사랑 • 32
바람 속 꽃잎 • 33
소녀 • 34
썸 • 36
별아 별아 • 37
좋은 인연 • 38
동행 • 39
노을처럼 아름다운 그대에게 • 40

짝사랑 • 42

연인 • 43

여고시절 • 44

인연 • 46

친구에게 • 48

꽃잎 • 49

기도 • 50

해바라기 • 51

사랑하는 아들에게 • 52

제2부. 꽃으로 살고 싶다

가을 연가 • 56

그리운 봄 • 58

봄소식 • 59

통도사 매화 • 60

유채꽃 • 62

봄 마중 • 64

낙동강 봄 • 65

황령산 진달래꽃 • 66

야생화 • 68

꽃 • 69

비파 열매 • 70

순천만 국가정원 • 72

하늘 • 73

새벽비 • 74

농막에 누워 • 76

쉼 • 77

봄처럼 꽃처럼 • 78

석류 • 80

겨울 수국 • 82

기다리는 마음 • 84

엄마의 정원 • 86

꽃으로 살고 싶다 • 88

깨소금 한 병 • 89

시집가던 날 • 90

엄마 집밥 • 92

제3부. 세월은 단 한 번도 나를 돌아보지 않았다

마음에 따라 • 94

백일홍 • 96

이별 • 97

꽃밭에서 • 98

그리움 • 99

망모 • 100

고독 • 102

지우개 • 103

사랑은 • 104

아버지 • 105

부부 • 106

동백이 질 때 • 108

엄마가 되어 • 109

놀이터에서 • 110

청개구리 삶 • 112

세월은 단 한 번도 나를 돌아보지 않았다 • 114

안개 • 115

파도 • 116

진실 • 118

답 없는 세상 • 120

천륜 • 122

무심한 인연 • 124

나에게 • 126

세상살이 늘 그렇다 • 128

세월아 • 130

제4부. 희망이 꽃처럼 피어나길

야속한 밤 • 132

산다는 건 • 133

황금 잉어빵 • 134

운무 • 136

망중한 • 137

콩국수 • 138

가을 마중 • 140

백양산 • 142

막걸리 • 144

산을 오르니 • 145

무풍한송로 • 146

암자에서 • 147

촛불 • 148

희망 • 150

내일 • 151

인생은 이정표 없는 여행길 • 152

아침 • 154

전쟁과 평화 • 155

희망이 꽃처럼 피어나길 • 156

가족 • 158

구포시장 • 160

시를 쓰는 이유 • 162

감사 • 164

그늘에서도 꽃은 핀다 • 165

창포원 • 166

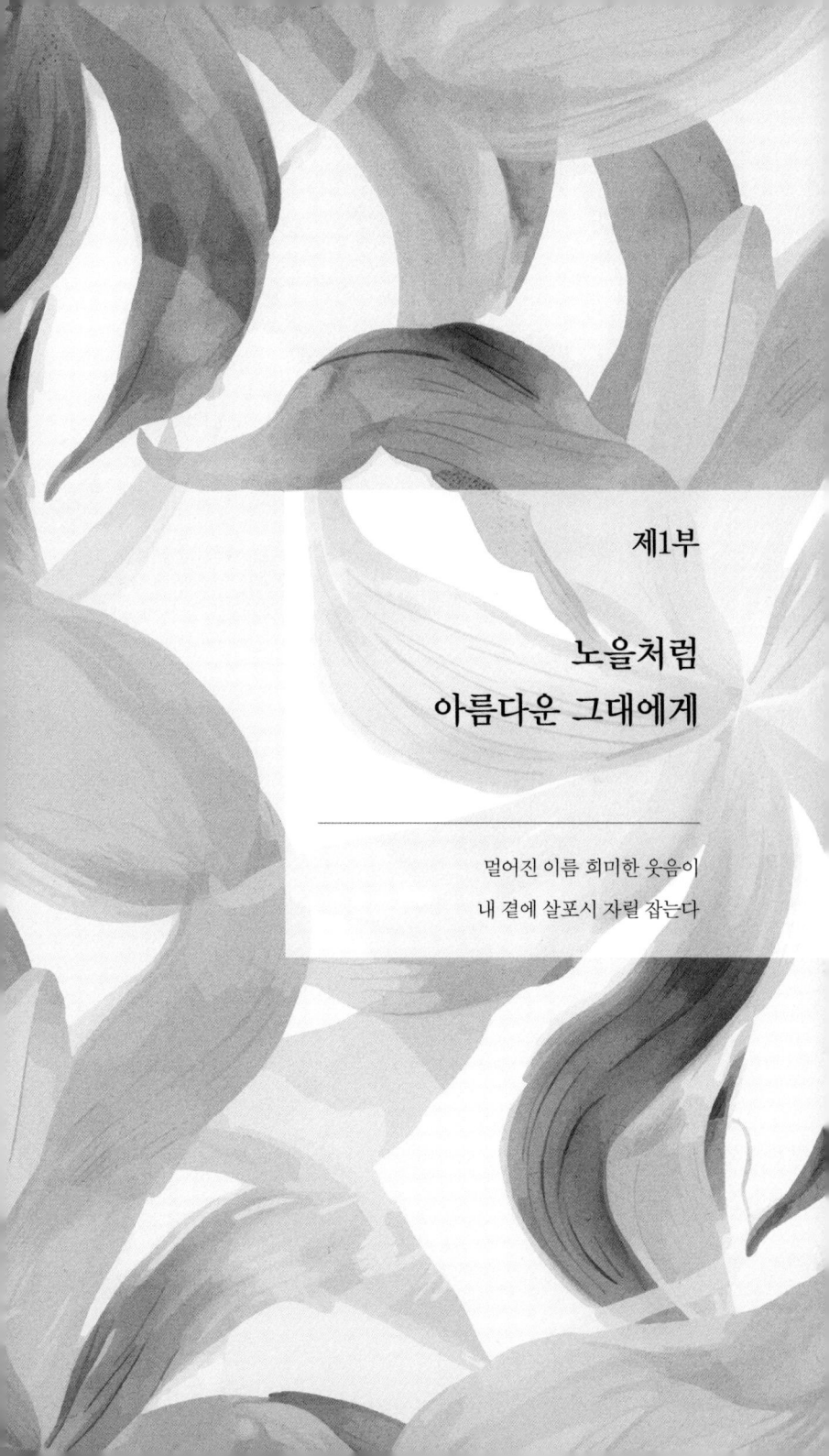

제1부

노을처럼
아름다운 그대에게

멀어진 이름 희미한 웃음이
내 곁에 살포시 자릴 잡는다

행복

행복은

땅속 깊이 묻힌 씨앗처럼

눈에 띄지 않지만

마음에 비 내리면

슬며시 싹을 틔운다

행복은

돌담 너머 고양이처럼

바라보면 달아나지만

잠시 멈추면

다가와 등을 비빈다

행복은

찻잔 속에 피는 김이다

손에 잡히지 않지만

그 따스함은 오래 남는다

행복은

깊은 밤 창가에 걸린 별빛

소리 없이 조건 없이

존재 자체로 세상을 밝혀준다

인연과 나

숨처럼 부풀다
흩어지는 구름 사이
흘러가는 새들 모습에
잊고 지낸 나를 본다

인연은
바람을 탄 새와 같아서
잠시 어깨 나란히 하다
서로 다른 하늘 끝으로 날아간다

어느 날 문득
같은 바람에 실려
다시 눈을 마주치게 될지라도
하늘은 말이 없다

잊어버린 그리움 한 점

흰 구름 속에 숨겨 놓은 채

잊고 지낸 내가

여전히 날 기다리고 있다

첫사랑

너는 왜 그토록 붉게 피었니
종잇장처럼 얇은 잎에
내 속이 타는 줄도 모르고
햇살이 널 쓰다듬던 그날
나는 처음으로
누군가를 오래
바라보는 법을 배웠다

이름 한 번 제대로 부르지 못한 채
바람처럼 곁을 맴돌았지만
그게 나였고
그리움은 언제나 너였다

그대 머문 자리마다 피었던
나의 붉음은 오직
그대를 향한

그리움이었다

그대 스친 자리마다
다시 꽃은 피고 지는데
떨리는 손끝 감춘 채
말을 건네려다
피지 못한 계절만 품고
너를 그냥 보내야 했다

이제 나는 안다
너는 머문 것이 아니라
내게서 천천히 피다
사라진 꽃이었다는 걸

붉디붉은 마음 하나 숨긴 채
말없이 피고 지는 양귀비꽃처럼

곁에 있어 준 사람

내 마음 흔들릴 때
곁에 있어 준 사람
눈빛 하나로 괜찮다며
무심히 건네는 위로

너는 나에게
바람처럼 다가와
스치는 인연 아니라
머무는 계절이 되었네

우리 함께 웃던 날
햇살이 내려앉았고
함께 울던 밤
젖은 꽃처럼
서러움 흘러내렸지

말 없이도 전해지는 마음
눈빛에 묻어나는 다정함
너라는 계절이 곁에 있어
내 하루는 늘 따뜻하다

동백섬 산책길

한 송이 또 한 송이
동백꽃 붉게 피면

바다향 품은
푸른 파도 소리에
흥에 겨운 걸음 걸음
춤추듯 너풀거린다

서러운 계절 흘러
동백꽃잎 사라져도
다시 올 봄
기다리는 마음
붉게 붉게 타오른다

언젠가
동백꽃 피는

길 위에서

누군가는 사랑을 속삭이고

누군가는 그리움을 묻을 테지

광안리

이름도 성도 모르는
푸른 청춘들이
물고기처럼
떼를 지어 헤엄친다

젖은 고백 해변에 눕고
바람은 끝내
못다 한 말을 안고
스쳐 지나가 버린다

밤이면
푸른 청춘들
파도처럼 밀려와
별빛 되어 머문
광안리 바닷가

그 많은 여름 속

잠시 빛났던

푸른 청춘들 이야기

광안리는 알까?

산책

햇살 품은
편백나무 숲
내 그림자
한참을 쉬어간다

숲은 말 대신
향기로 답하고
내 마음
풀잎 위 이슬 같다

사랑한다면

나는 분명 그대와
다를 것입니다

사랑한다면
모든 걸 인정해 주세요

사랑이 슬픈가요?
사랑이 아픈가요?

그 사랑조차
당신 탓이라 생각하세요

나와 다르지만
그를 품을 수 있을 때

그대는 분명
사랑을 알게 될 겁니다

사랑

사랑이 시작되면

세상은

둘만의 놀이터가 된다

모든 순간은

하늘에 걸린 달처럼

기억을 잃지 않는다

사랑은

시간의 입술 위에

달콤한 입맞춤으로

누군가의 마음에

남아 있는 것이다

바람 속 꽃잎

꽃잎 하나
수줍은 듯
내게 인사 건네면

파도처럼
거친 설레임
성큼 다가온다

바람 속 꽃잎은
마치
첫사랑 같다

소녀

목련꽃 피는 봄날
햇살 한 줌에
소녀의 꿈 피어난다

하얀 구름처럼
순수한 그 마음
봄바람에 실려
세상 속으로 흩날리며

바람이 속삭이면
하늘은 꽃잎 품고
순결한 봄빛
설렘으로 번져간다

향기로운 길 따라
거니는 소녀 마음

꽃보다 더 활짝 피어

계절 속을 흐른다

썸

작은 일상들
서로 마음에 들여놓고
그저 문자 몇 줄
톡 한 번 보냈을 뿐인데
자꾸 떠오르는 우리

눈 감으면
그 얼굴이
그 미소가
불쑥 마음에 들어온다

길을 걷다 문득
내 옆에
너 있는 듯 설레이면
톡 하나에
마음 모두 쏟아버리고
어느새 답이 오길 기다린다

별아 별아

별빛 쏟아지는 밤하늘에
속삭여 본다

별아 넌 지금
무슨 생각 하고 있니?
무슨 꿈 꾸고 있니?

널 보면
고된 일상 잊혀지니
나의 꿈과 희망이
너처럼 빛나길 바래

나도
너처럼 조용히
누군가의 빛나는
밤하늘이 되고 싶다

좋은 인연

바람처럼 스쳐도
가슴에 남아
늘 볼 수 있다면
좋은 인연이라

긴 삶의 여정
지치고 힘들 때
어깨 내어주는 사람이
좋은 인연이라

슬픔은 비처럼 흩날리며
기쁠 때 웃어주는 사람
그런 사람이
참 좋은 인연이라

동행

밤하늘 달이 홀로 걷는데
산책 나온 하얀 목련꽃
달 그림자 친구삼아
밤거리를 하얗게 물들인다

노을처럼 아름다운 그대에게

석양이 아름다운 날
안타까운 그리움 있다
꽃처럼 저무는 석양 속에

그날의 너도
저 빛 속 어딘가에
조용히 머물고 있을까?

서편에서 부는 바람
청실 홍실 엮어
붉은 하늘에 수를 놓는다

노을처럼 아름다운
그대에게 보내는
마음의 인사일까?

멀어진 이름

희미한 웃음이

내 곁에 살포시 자릴 잡는다

짝사랑

아침이면 해가 뜨고
저녁이면 해가 지는

그런 일상마저
찬란하게 빛나던 날

조용히 피어난 감정 하나
내 안에서 말을 걸어온다

내 마음속
그대 모르는
조용히 시작된 사랑 있다

연인

달빛 따라

밤마실 나섰더니

달이 구름 속에서 숨바꼭질 하네

마치 연인처럼…

여고시절

칠판 가득 하얗게
흩어지던 분필가루
우리는 소녀였다

교복 주머니 감춘 쪽지
가방끈에 매단 비밀
선생님께 많이도 혼났지만
돌아서면 까르르 까르르

점심시간
매점으로 달려가던 소녀들
팥 도너츠 하나에도
햇살처럼 눈부신
우정이 있었다

수십 년 세월 흘러갔어도

단발머리
분홍빛 추억은
아직 다 피지 않은
꽃처럼 남아있다

그 시절
너도 나도
아직 그 자리에서
웃고 있을 것만 같다

인연

이름도 성도
모르는 사람들이
옹기종기 모여
하루 하루 살아간다

안녕이란 인사로
우리가 되고
다시
남이 되기도 하며

시간 흐르고
계절 지나도
아쉬울 틈 없이
속절없이 가고 또 오고

기다리다 후회하고

궁금해 섭섭해도

모르는 척하며

걱정되는 마음 감춘 채

오늘도

인연의 바다 속으로

풍덩 뛰어든다

친구에게

친구야
밤하늘 빛나는 별처럼
우리도
빛나던 시절 있었지

힘든 날 슬픈 날
너도 오늘 나처럼
별을 보고 있을까?

어두운 밤
유난히 빛나는 별을 보면
네 생각이 많이 나…

꽃잎

햇살 뜨거운 날
그대 꽃밭에
촉촉한 단비 내려면

여린 꽃잎 하나 둘
곱게 곱게 피어나
그대 아픔
그대 슬픔
지워주면 좋으련만

꽃밭 가득
사랑이
비처럼 내리면
숨은 그리움에 흔들리는
꽃잎이 되고 싶다

기도

꽃보다 아름다운
사랑하는 아이야

니가 웃으면
내 살아갈 이유 되고

너의 존재는
내 삶의 의미 된다

너의 삶이
꽃처럼 피어나
늘 행복하기를

오늘도
내일도
늘 기도한다

해바라기

그리움일까?
기다림일까?

저 멀리 닿을 수 없는
한 줄기 빛을 향한
일편단심 마음 하나

수천 번 계절이 스쳐도
돌아서지 못한
침묵 속 지독한 사랑

해바라기 마음을
그 애틋한 사연을
누가 알까?

사랑하는 아들에게

너를 보면 세월이 가도 좋았고
내가 늙어가는 것보다
너의 성장이 좋았다

뒤뚱 뒤뚱 첫걸음에
감동의 눈물이 흘렀고

눈 위에 넘어져
니가 다친 날에는

너를 지키지 못한 안타까움에
가슴이 아팠다

세상의 좋은 것을 다 보여주고
세상의 좋은 곳을 다 데려가 주고

성장하는 동안 살아가는 동안

너의 가는 모든 길이

꽃길이길 바라는 건

널 가장 사랑하는

부모의 마음이라 기억해줘…

제2부

꽃으로 살고 싶다

서로 안부 물으며
조용히 싹을 틔워주고 싶다

가을 연가

붉게 물든 나뭇잎 하나
조용히 떨어진다
그대 닮은 바람
내 곁을 스치고
노을은 너의 눈빛처럼
하늘 끝에 머문다

햇살에 반짝이던 들녘 너머
우리의 추억
아직 시들지 못했기에
나는 낙엽 위에 편지를 쓴다
한 잎 두 잎
마음에 담았던 단풍처럼
나를 다시 붉게 태우며

그대는

내 가을이었다

오늘도 나는
그대 닮은 바람을 만나
가을을 노래한다
바람 한 모금에
젖은 그리움 마시며

그리운 봄

바람에 흩날리는

꽃잎에서

봄 향이 난다

겨울 밀어내고

꽃잎 품은 바람이

부드럽게 속삭이는 계절

진달래 한 줌

개나리 한 줄기

그 사이 피어나는

그리운 봄이다

봄소식

곧 목련이 피겠지

봄 향기 바람에 실려오니…

통도사 매화

차가운 겨울 끝자락
이른 봄 희망처럼
하얀 꽃망울 쑥 내민다
바람의 속삭임에
꽃을 피우고
기억의 시간 속에
향기를 품는다

수백 년 지혜 담은
통도사 매화
그 꽃잎 하나 하나
귀하고 귀하다
추운 겨울 견디며
희망 같은 봄을 품었으니
스치는 바람에도 미소 띄운다

자연의 기도일까

부처님 가피일까

바람이 노래하면

꽃잎이 춤을 추니

모든 생명 하나 되어

세상 속으로 마음을 여네

유채꽃

황금빛 꿈처럼
온 세상 물들인다
다시 봄 오던 날
햇살 품은 유채꽃

노오란 꽃잎들
바람에 흩날리며
한 줌 한 줌 고운 빛 모아
세상을 물들인다

한 송이 한 송이
여린 모습으로
봄 햇살 품은
노오란 유채꽃

다시 오는 봄처럼

햇살 가득 품은 채

낙동강 물빛 머금고

노오란 봄으로 피어난다

봄 마중

하얀 꽃잎에
봄 담아 내밀면
하나 하나 꽃향기
마음에 들인다

봄나들이
이보다 좋으랴

가벼운 걸음 걸음
목련꽃 길 걸으면
봄이 먼저
내 마음 찾아오니

누가 나를 찾거든
봄 마중 나갔다고 전하시게

낙동강 봄

낙동강
벚꽃 삼십 리 길

봄이 오면
늘 그 자리 벚꽃 피고

꽃잎은
꽃비 되어 흘러내린다

하얀 눈처럼
봄바람에 실려 온 꽃잎

소리 없이
내 발끝에 내려앉는다

황령산 진달래꽃

황령산 봉수대
곱게 피어난 진달래꽃

오늘 내가 올 줄 알고
밤새 피어났을까?

바람에 흩날리는
연분홍 꽃잎에

새색시 적 마음
수줍게 숨겨보지만

아스라이 멀어진 기억 속엔
늘 진달래꽃 피는 봄이 있다

황령산

진달래꽃 곱게 피면

바람에서 하늘에서
연분홍 향이 난다

야생화

거친 바람이 지나간 들녘
질긴 뿌리로 버틴 작은 생명 하나
무심한 시간
그 이름도 모른 채 지나쳤지만
너는 서러움조차 안은 채
고요히 피었네

이름 불러주는 이 없어도
햇살 한 줌 없어도
당당히 드러난 아름다움
폭풍보다 강하게
돌보다 단단하게
스스로 꽃이 된 너를
야생화라 부르기로 하였다

꽃

봄에 진달래
여름엔 장미

가을에 코스모스
겨울엔 동백

긴 시간을 기다려
꽃을 피운다

지독한 기다림 끝에
꽃이 핀다

긴 기다림만큼
아름다운 꽃이 피어나리라

비파 열매

노을이 입 맞춘 햇살처럼
황금빛으로 물든 작은 태양
열매 품은 비파나무
태양이 빚어낸
황금빛 시 한 구절 같다

나뭇가지 사이
숨어 있던 작은 열매
석양빛 머금은 채
은은한 광채 흩뿌린다

한 입 베어 물면
새벽녘 빗방울 대지를 적시듯
촉촉한 신선함이 혀끝에서 피어나고

달큰 상큼한 맛은

마치 첫사랑의 설렘처럼

가슴을 물들인다

바람결에 흔들리는

나뭇잎 사이 사이

주렁 주렁 열린 비파 열매

자연이 홀린

황금빛 시가 된다

순천만 국가정원

새벽 이슬
아직 가시지 않은
억만 송이 장미가
여기 있다

한 떨기 꽃 안에
봄이 살고
은빛 물길 따라
여름이 흐른다

붉은 빛 품은 채
피어난 가을
하얀 겨울 기다리니
무릉도원이 따로 없구나

하늘

가끔 하늘을 보라

햇살이 조용히 내린다

잊고 지낸 어린 날이

구름 사이로 다시 피면

내 삶을 물들이는

가장 고운 시작이 된다

새벽비

이른 새벽
꿈처럼 다가온 기척에
살며시 깨면

하얀 안개 속
새벽비 내린다

이름 한 번 부른 적 없건만
오래된 연인처럼
불쑥 내 앞에 와 있다

이른 새벽
꿈처럼 다가온 기척에
살며시 깨어나면

출근길 담벼락

수줍은 물방울 피어나고

비는 말 없이

먼저 앞서 걸어간다

농막에 누워

산세 좋고
바다 보이는
농막에 누워 하늘을 본다
파란 하늘이 참 좋구나

양떼 같은 흰 구름
붓을 든 화가처럼
푸른 하늘에 그림을 그려대고
뒷산에서 불어오는 산바람에
콧노래가 절로 난다

작은 밭 부추 한 웅큼 베어
밀가루 반죽해 전을 부쳤더니
한 젓가락 부추전에
막걸리가 끼어든다

쉼

분주한 시간 속

잊고 지낸 나와 내가

마주하는 순간

세상살이 벗어나

가끔 쉼 안에서

답을 찾기도 한다

쉼은

삶이 건네는

다정한 속삭임이며

삶에 있어

새로운 시작의 알람은

아름다운 쉼일지도…

봄처럼 꽃처럼

눈부시던 스무 살

어느 봄 하얀 꽃길

꽃잎이 수없이

내 발끝에 내려앉았다

마치 별빛이 흘러내리듯이

지금도

어딘가에서

피고 질 그날들

잃어버린 청춘의

그림자 찾아내려

꽃비 흩날리는 봄길을

하염없이 걷는다

시간이란

강을 건너

다시 올 봄

다시 피는 벚꽃

인생도

봄처럼 꽃처럼

끝없이 피어나길 소망한다

석류

붉은 비밀 품은 석류
껍질 속에 갇힌 수많은 별들
조용히 숨 쉬며
세상의 끝에서
피어나고 있다

가을 끝자락
붉은 외투 벗어 던지면
시간을 삼킨 열매
또 다른 시작을 기다린다
수정 같은 씨앗들
햇살 속에서 반짝이며

꽃처럼 피어난 속살
끝없이 이어지는 갈망의 씨앗들
작은 빛줄기에 속살 드러낼 때

햇살 품은 한 알 한 알
마치 속마음 들킨 듯
새콤한 진심 눈가에 맺힌다

한 번의 흔들림으로
붉은 입술 열면
새로 태어난 사랑처럼
끝없이 다가오는 빛이
세상을 물들인다

겨울 수국

찬 바람 속
피어난 붉은 꽃잎
차가운 기운
가엾이 몸을 스미고

시간은 꽃잎 위에
겨울을 내려놓는다
쓰라린 찬 기운에
꽃잎이 타들어 가도

모진 겨울 견디며
다시 올 봄 기다리니
그 속엔 아직
숨결이 남아있다

겨울 끝자락

강인한 수국

붉은 꽃잎은

여전히 아름답다

기다리는 마음

무슨 이유로 떠나셨나요
그리도 무심히
지천에 붉은 동백꽃
서럽게 피었길래
돌아서 잠시
눈물 닦고 오려나 기다렸소

동백꽃 피고 지고
붉은 꽃잎 떨어져
세상을 다 덮는다 해도
다시 동백꽃 피길 기다리는
애절한 마음 누가 알까

봄 오는 소리
동백꽃 붉게 피면
다시 기다리겠소

꽃잎이 천지를 붉게 물들이고

그 잎이 떨어져

세월 속으로 사라진다 하여도…

엄마의 정원

봉선화 물들여진 앞뜰에도
갈색 장독 자리한 뒷마당에도
바람 위에 음악 실어 흩날려 주던
고운 최 여사는 보이질 않네

봄날 라일락에
여름날 붉은 장미에
계절 따라 향기 흩뿌리더니
바람 소리 그저 서러움일까?

비 내리는 날이나
내 아이 어른 되던 날에도
바람결에 흘러가던 노래
가슴 깊이 서러움으로 남아있네

세월이 얼마나 더 흘러가야

이 그리움 사라지려나

추억 속 흩날리는 꽃향기

계절이 다시 돌아오면

가슴이 시려온다

꽃으로 살고 싶다

내 마음 백지라면
그 위에 그림을 그리고
내 마음 공터라면
그곳에 꽃을 심고 싶다

따스한 양지에
작은 꽃씨 하나 품고
아침저녁
서로 안부 물으며
조용히 싹을 틔워주고 싶다

꽃이 피면 나비로
꽃이 지면 봄비로
꽃밭에서 꽃처럼 살고 싶다

깨소금 한 병

엄마는 고소한 햇살을 볶아
밥 위에 뿌려주셨다
바다 같은 한 숟갈에 담아

손수 깨소금 볶으실 제
당신 운명 아셨을까?
이제 풍수 좋은 곳에서
외롭지는 않으실까?

깨소금 병 하나에
그리움이 자라날 줄
그 기억이 영원할 줄
당신은 알고 있을까?

시집가던 날

시집가기 전날 밤
울다 지쳐 눈을 감고
잠시 숨 고르면
다시 울음이 따라왔다

울다 자다
자다 울다
긴 밤을
하얗게 지새웠다

친정 떠나는 게
그토록 슬펐을까?
영원히 처녀로 살 것도 아니면서
신랑이 미운 것도 아니면서

내일이면 떠날 딸을

말없이 바라보다
"시집 안 가도 된다"며
엄마는 나보다 더 울었다

내 등 뒤에서
엄마 눈물이
흐르는 걸 알면서도…
울음을 멈출 수 없었다

엄마 집밥

산골 마을 해 지면
바람에 실려 오던
그리운 밥 짓는 냄새

온 가족 모여
호박잎에 된장쌈 싸 먹어도
웃음꽃 피던 저녁

가마솥 밥 위에
계란찜을 익혀내던 엄마는
언제나 그렇게
식구들만 챙겼다

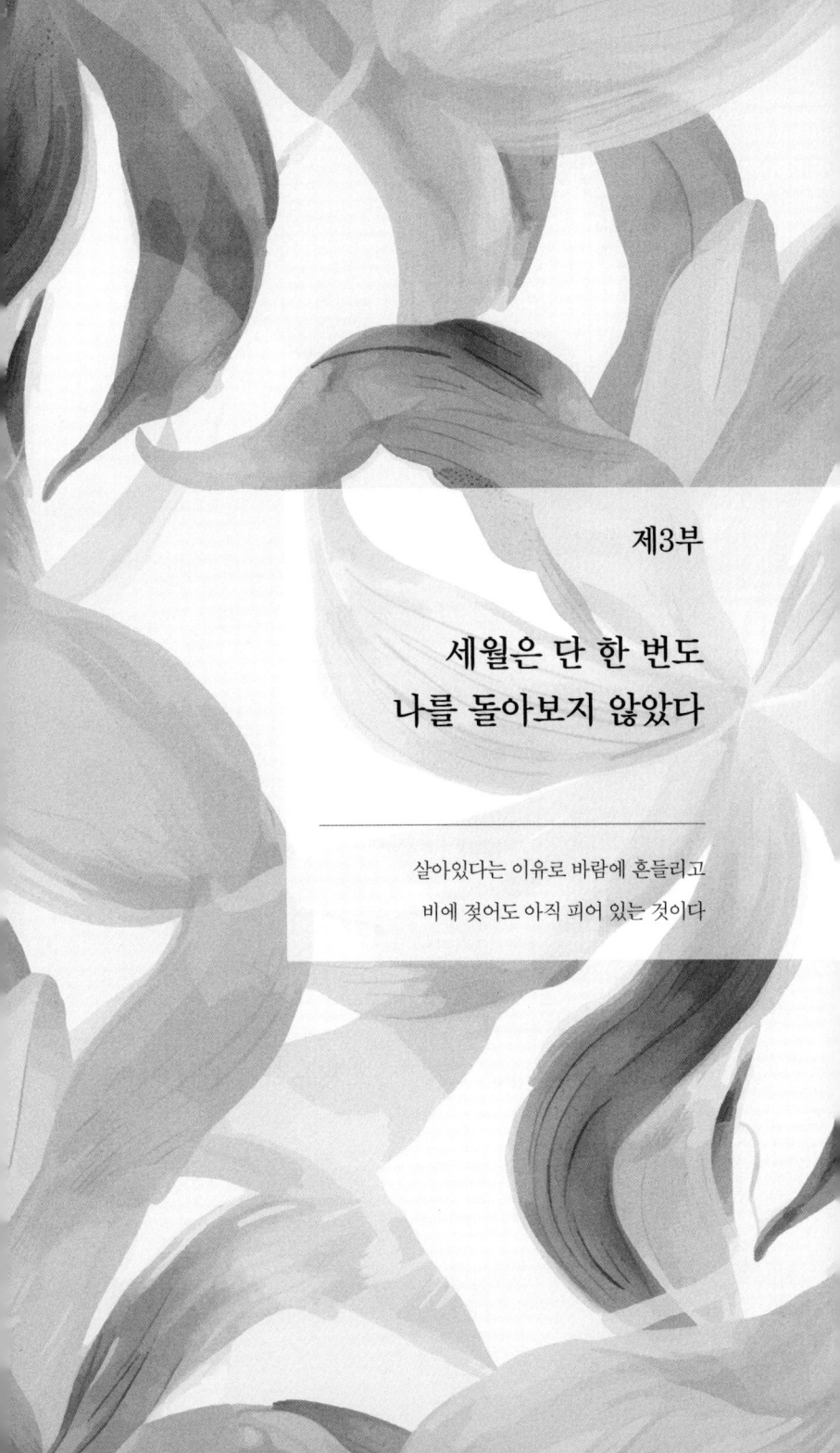

제3부

세월은 단 한 번도
나를 돌아보지 않았다

살아있다는 이유로 바람에 흔들리고
비에 젖어도 아직 피어 있는 것이다

마음에 따라

고단한 날
누구나 그렇다 생각하면
모든 일은
감사로 다가온다

마음에 따라
세상도 빛을 달리하며
우리 앞에
또 다른 하루를 펼쳐 놓는다

작은 생명으로 태어나
세상을 배우고
누군가의 첫 울음에
처음 부모 되어
그 사랑
또 다른 생으로 이어진다

산다는 건

아름다운 꽃처럼

한 편의 시처럼

매일 다르게 피어나는

경이로운 세상 속으로

걸어가는 것이다

백일홍

백일홍 좋아했던
그리운 최 여사
백일홍 꽃이 피면
다시 생각난다

곱게 피어난 꽃잎 위에
내 어릴 적 추억 피고
떨어진 꽃잎 위에
내 그리움 쌓인다

이별

사랑이

영원할 줄 알았으나

그대 그림자만 남아…

그리움은 아직도

내 안에 살고 있는데

꽃밭에서

봄바람 불던 날
엄마 손길 남아있는
꽃밭 앞에 섰다

비 한 방울 오지 않던 날
물을 뿌려주던 엄마
오늘도 꽃이 피어 있다

나를 향해
꽃이
활짝 웃고 있다

나는 묻는다
울 엄마 사랑
이렇게 다시 피는 걸까?

그리움

기다리란 말은 없었지만
그대가 올 것 같으니…

마음이 닳아 없어질 때까지
기다릴지도…

망모

한평생 자식만 품다
그렇게 떠나시면
당신 생각날 때마다
내 가슴 온통 슬픔입니다

눈빛에 담긴
마지막 사랑 때문에
당신 생각할 때마다
내 가슴 온통 겨울입니다

아주 멀리 떠나시던 날
바람 속 먼지처럼
멀어지는 당신을
붙잡을 수 없었습니다

당신의 모든 삶은

내게 가장 큰 사랑이었고

내가 살아갈

이유가 되었습니다

고독

사랑은
세월의 그림자
이별은
운명인 걸 알면서
사랑했던 기억이
하루를 아프게 한다

지독한 고독 속
가끔 너를 찾겠지만
너 없는 하루는
텅 빈 거리처럼
쓸쓸하다

지우개

영원할 거라 믿었던 말들은
모래 위 그림처럼
가벼운 바람 한 줄기에
흩어져 버렸다

세월 지난 추억은
깊이 뿌리 내린 나무처럼
흔들림 없이
내 안에 자리 잡고 있는데

사랑은
시간 속에 피는 꽃
마음에 짙게 새긴 글자
아무리 지우려 해도

달빛 속 그림자처럼
내게 닿지 않는 지우개

사랑은

사랑은
흘러가는 시간 속
한 조각 구름이라 했던가

구름이 지나다
마음에 머물렀으나
꽃이 피어 시들 듯

조용히
그 사랑을
묻고 지나가는 것이다

아버지

늘 말없이 웃어주시던
아버지의 믿음
내겐 큰 힘이었다

삶이 등 돌릴 때도
어깨에 얹힌 햇살처럼
묵묵한 그 침묵
내 삶의 기둥이었다

아버지
당신은
내 마음속에
영원히 살아있습니다

부부

사랑이란 이름으로
한 지붕 아래
서로를 찾으며
하루를 시작하고
오랜 시간 함께 걸어온 두 사람

손끝에 묻은 세월의 흔적
하얗게 물든 머리칼
밤이 깊어가면
잠든 얼굴에 지난 시간 묻어나
말없이 웃을 수 있는 사람

슬픔도
기쁨도
이제는 서로에게 말하지 않아도
눈빛으로 손끝으로

알아주는 사람

우리 걸어온 모든 길이

운명이었음을

우리 사랑

그 어떤 말로도 설명할 수 없는

서로에게

가장 큰 기적이었음을…

동백이 질 때

소리 없이 지는 걸
나는 오래 보았다

붉다는 건
한때 따뜻했다는 뜻
따뜻하다는 말은
오래 머물지 않더라

바람은 아무 일 없다는 듯
다음 가지를 스치고
나는 잠시
무언가를 놓친 표정으로 서 있었다

남은 건
가장자리까지 물든 하루
그리고
말하지 못한 마음 하나

엄마가 되어

너의 첫 울음에
엄마 되던 날

나는
작은 너의 세상이 되기로 했다

첫걸음
첫 말 한마디

하나 하나 기적처럼 다가왔고
때론 지쳐 눈물도 삼켰지만

너라는 우주를 품고
엄마가 되어

나는 알게 되었다
끝없는 사랑이 있다는 걸

놀이터에서

향기마저 아름다운
너는 어디서 왔을까
오가는 사람들의
눈길마저 사로잡는
향연이 펼쳐지는 곳

각기 다른 빛깔의
화려한 옷을 입고
바람 따라 이리저리
몸을 흔들며
지나가는 발자욱에
눈웃음 한가득 흩날린다

비가 오면 촉촉이
젖은 모습으로
햇볕 쨍한 날엔

다소곳한 모습으로

노을이 지는 하늘 아래

군무를 펼친다

청개구리 삶

나는 나로 살길 원했으나
세상은 날 가두려 했고

어두운 세상
빛으로 살고 싶었으나
세상은 날 그냥 참으라 했다

할 일도 많고
할 말도 많은데
세상은 자꾸 가만히 있으란다

이일 저일 생각해보니
가만히 있어야 할 것 같다

목구멍이 포도청이라…

어지러운 세상 걱정 되지만

나도 살아야 하니…

세월은 단 한 번도
나를 돌아보지 않았다

고단한 인생길

세월은

단 한 번도

나를 돌아보지 않았다

서늘한 시간

겉모습 천천히 벗겨가면

마음은 온통

떠나가는 세월에 매달린다

살아있다는 이유로

바람에 흔들리고

비에 젖어도

아직 피어 있는 것이다

안개

내 마음도 모르면서
어떻게 네 마음 알겠니…

세상을 다 아는 듯
온갖 폼 다 잡고 떠들지만

나는 너를 모르고
너는 나를 알지 못하네

닿지 않는 거리만큼
서로 알려고 애쓰지만

우리는 서로 알지 못한 채
안개 속을 걷고 있을지도…

파도

파도가 밀려온다
파도가 밀려간다
우리는 그렇게
파도를 이야기한다

헤엄쳐 왔을지
뛰어왔을지
무엇인가에 쫓겨왔을지
잘 알지도 못하면서

파도의 속사정은
알려고 하지 않은 채
수많은 말을 쏟아낸다

말장난 속에서
누군가는 괴로워하고

누군가는 진실을 위해

밤을 지새우지만

무심한 파도는

끊임없이 부딪쳐 온다

진실

상처받은 진실은
거짓에 가려
어둠에 묻히고
빛을 잃기도 한다

하지만
차오르는 빛 속에
새벽 별처럼
다시 모습을 드러내리라

빛을 따라 보석이
단단하게 반짝이듯
금빛으로 햇살이
녹아내리듯

눈부시게 빛날 순간

세상을 향해
힘차고 강한 모습으로
달려 나올 것이다

그 누구도 막을 수 없는
밝고 강한 빛의 모습으로

답 없는 세상

흰 구름 스치고

먹구름 쌓인 하늘

휘영청 뜬 달 하나

어디론가 바삐 걸음을 옮긴다

무심히 올려다본 순간

달이 구름 뒤로 숨었다

혹시

구름이 달을 품은 걸까

아니면

달이 세상을 외면한 걸까

진실은 침묵 뒤에 머물고

하늘은 말이 없다

이 밤

물음표 가슴에 품은 채

침묵의 그림자 속 헤매이며

답 없는 세상을

바람처럼 스쳐 지나간다

천륜

세월이 바쁘게 흘러간다
아이 울음소리
천리나 가야 들릴 듯하며
거리엔 은빛 물결 넘실댄다

오래전 노인은 어른이었고
자식이 부모를 봉양하던 시절 있었다
아침저녁 문안을 드리며

천륜이 뭐야?
그게 뭐지?

가르치던 어른도 사라지고
궁금해하는 아이도 없다

천륜이 끊어지기라도 할까

서로 눈치 보며

질문도 답도 없는

그런 세상을 살고 있다

배려가 없으면 끊어져 버릴

썩은 동아줄이

천륜이라는 걸

모두 알고 있기 때문일까?

무심한 인연

물은
강으로 바다로 흘러간다
인연도 물처럼
세월 따라 흘러간다

강처럼
호수처럼
모양을 바꿔가며
물이 흐르듯
인연도 흘러간다

어떤 인연은
영원을 약속하고
어떤 인연은
안개 속을 걸어가지만

강으로

바다로

흘러가는 물처럼

어느 날

다른 세상 속으로

들어가 버린다

나에게

광활한 어둠 속
하나의 작은 점처럼 떠 있는 나
바람처럼 흔들리며
세상 속을 유영하겠지
빛이 닿지 않는 곳에서
그림자 되어 사라지는
기억들처럼

어떻게 살아야 할까?
스스로를 사랑하지 않는다면
남의 시선에 휘둘려 살아갈 뿐
내가 없는 텅 빈 세상
의미 없이 흘러가겠지

어느 순간 알게 된다
모든 순간은

내 안에서 태어났다는 걸
내가 사라지면
세상도 없다는 걸

나는 곧 우주이고
우주는 곧 나다

세상살이 늘 그렇다

파도가 부서져도
바다는 말이 없고
인생길 고달파도
세월은 외면한다

때로는 조용히
때로는 격렬하게
파도 같은 세상살이
버티고 또 버텨본다

햇살처럼
좋은 날도 있지만
먹구름처럼
어두운 삶의 순간도 있다

세상에 태어나

살아낸다는 거
이리저리 기웃거려도
세상살이는
늘 그렇고 그렇다

세월아

세월아 세월아

천천히 갈 수 없겠니?

빠른 너의 걸음에

내 다리가 아프다

아침 오면

들숨 날숨 몇 번에

서산 해가 기우니

어떻게 널 따라갈 수 있겠니

세월아 세월아

조금만 천천히 가렴

나의 기억이

아름다운 추억이

잠시라도 더

내게 남아있을 수 있게…

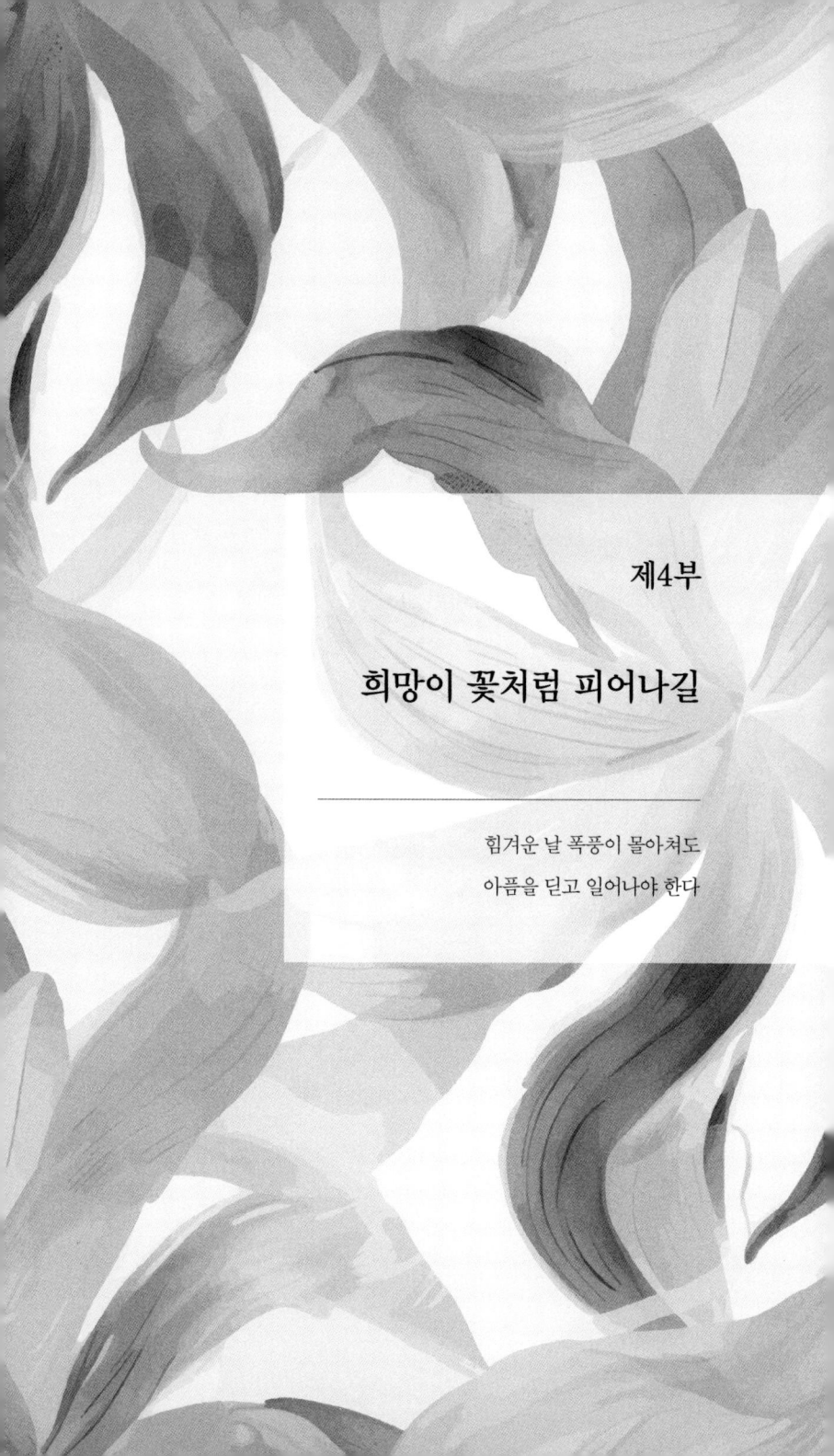

제4부

희망이 꽃처럼 피어나길

힘겨운 날 폭풍이 몰아쳐도
아픔을 딛고 일어나야 한다

야속한 밤

숨을 고른다
지친 하루에도
빛난 순간은 있었다
무심히 웃어주던 사람
따뜻한 말 한마디 건네던 사람

나는 안다
이 밤이 지나면
다시 빛날 수 있다는 걸
오늘은 다시 오지 않는다는 걸

내려놓지 못한 오늘을 품고
내일을 기다리는 마음
멀어지는 별빛처럼
야속한 밤이어라

산다는 건

누군가의 삶은 빛으로
누군가의 삶은 어둠으로

다른 모습으로 살지만
살아있는 건 기적이다

새로운 인연과
만나고 헤어지며

하루 하루 살아내는
대단한 일상

산다는 건
내가 모르는 세상 속에

새로운 삶으로
기적의 탑을 쌓아가는 일이다

황금 잉어빵

몹시도 찬 바람 불던 날
달달한 향이
퇴근길을 유혹했다

길모퉁이 노란 천막 속에서
황금빛 잉어가
튀어나온다

뜨거운 빵틀이
묘기라도 부린 걸까?
맛은 또 얼마나 낭만이던지

한 입 베어 물면
시린 세상 녹고
또 한 입 베어 물면
내 마음 녹아내린다

황금 잉어빵

겨울 속 봄이다

운무

천상에 두둥실
떠 있는 산봉우리

짙은 구름인 듯
하얀 안개인 듯

겁도 없는 놈이
산을 품어 버렸다

태산도 삼켜버리는
그놈 정체가 궁금하네

망중한

비가 내려서일까?
풍경이 고와서일까?
무심히 흐르는 세월에
눈 한 번 슬쩍 흘겨본다

촉촉이 젖은 나뭇잎새들
새 옷 갈아입은 아이처럼
한 점 바람에도 너울너울
온몸 가득 기쁨 피운다

낮게 깔린 빗소리
고요히 번지는 흥타령
시간마저 잠시
쉬어가는 순간이다

콩국수

점심 초대받은 날
마른 하늘이
울음을 터트렸다

창밖 초록 담쟁이 잎새
젖은 별 되어
진지하게 눈싸움 벌이면

멀리서 온
검은콩 누런 콩은
콩국물로 변해
살포시 국수 위에 젖어든다

채 썬 오이
하얀 도자기 위에
그림처럼 놓이면

땡초는 그 자리에

매운 숨을 내뿜고

식탁 위 열무김치

젓가락을 재촉하며

바쁘게 입맛을 당긴다

가을 마중

둑을 넘어올 듯 차오르던 강물
원래 자리로 돌아갈 즈음
격렬했던 여름이
마지막 숨을 고른다

매미 소리 멀어지고
밤바람 찬 공기 품고 오던 날
급한 마음에 성큼
가을 마중을 나섰다

달 그림자,
이불 되어
여름 기억 재우면
서늘한 밤공기마저
설렘으로 가득하다

아직 여름 끝자락

아직 가을 문턱인데

벌써 이렇게 마음이 설레면

가을이 오면 어찌하려고…

백양산

부산광역시 북구

깊은 품속엔

백양산이 있다

혼자여도

둘이어도

셋이어도

모든 것 품어주는

넉넉한 어머니처럼

온 세상을 품어주는

희로애락

구구절절 인생사

무장애 숲길 따라 흐르면

달달한 산바람은

산책길을 감싼다

수많은 사연 품은 채
백양산은 말없이
그 품속
다 내어준다

어떤 핑계에도
엄마 품처럼
그저 마음속 이야기
한 번 더 껴안아 주는
백양산이 있어 참 좋다

막걸리

석양빛 안주 삼아
술판이 벌어졌다

숭늉인 듯 안개인 듯
잔에 담긴 막걸리
목을 타고 술술
잘도 넘어가네

밤이 익어갈수록
별이 지치도록
잔을 기울이니
세상은 내 것이 되었다

산을 오르니

한 걸음 한 걸음
홀로 걷는 길

햇살 지고
바람 안고
무거운 발걸음

정상에 오르면
온 세상
내 품 안이다

무풍한송로

통도사 입구
무풍한송로
짙은 솔향
흙 속으로 스며들면
신발 벗어둔 채
무심히 걷는다

마음속 번뇌가
언제쯤 있었던가?
잠시 무거운 짐 내려놓고
속세 먼지 훌훌 털어내며
솔숲을 걸어간다

암자에서

산 중턱 암자에
불경 소리 청아하니

마치 공기도 뚫을 듯
멀리 퍼져 나간다

여유로운 한낮
산바람 지나는 소리

한참을 쉬어가고 싶다
마치 내 집인 양

촛불

어둠 속에서
스스로를 태워
몸이 녹아내리면
아련한 빛줄기 남는다

살점을 떼어
세상을 비추는 일
나의 끝이
너의 시작이 되기를 바라며

눈물처럼 흘러내리는
촛농조차
작은 사랑이었네

바람 불어도
꺼지지 않는

다시 피는 그는
하나의 빛일 뿐이지만

작지만 강한 용기로
어둠을 밀어내는
끝내 다 태워도 모자란
깊은 사랑이었네

희망

비에 젖은 흙 속에서도
잊힌 씨앗 하나 꿈을 꾼다
스스로 갈라 꽃이 되겠다고
아무도 모르게 다짐을 하며

희망이란
이름 없는 작은 빛
손에 쥐어지지 않는 따뜻함
무너진 벽 틈에서
피어나는 풀잎 같은 것

잡히지 않아도
그 자리에 있는 것만으로도
언제나 다시
문을 여는 새벽처럼
다시 깨어날 수 있는
작은 빛이다

내일

가슴 시리던 날에도
꽃은 무심히 피었으며

찬 바람 불던 날에도
햇살은 눈이 부셨다

어둠 지나면 아침 오고
겨울 지나면 봄이 오니

오늘 하루 힘들다고
내일을 버리지 마라

인생은 이정표 없는 여행길

지금
어디쯤일까
꿈은 먼 산처럼
보일 듯 말 듯 흔들리고
나는 걸음을 옮긴다

이 길을 누가 먼저 걸었을까
이름 모를 들꽃이
조용히 피었다 지는 걸 보면
그리 낯설지도 않는 길

길 위의 돌멩이 하나
방향 잃은 별이었을까
누가 나를 이곳에 놓았는가
이곳은 어디인가

처음부터

목적지 따윈

없었는지 몰라

누군가와 함께 걷는 동안

그 순간이 길이 되는 것

인생은

이정표 없는 여행길이다

아침

긴 어둠 걷어내고
화려한 햇살이
세상을 깨운다

어제는 그림자
오늘은 빛으로
새로운 날이 태어난다

차가운 공기 속
또 다른 시작
신선한 향을 삼켜본다

매일 아침
작은 희망을 틔우니
새 아침은 늘 경이롭다

전쟁과 평화

부서진 땅 위
흩어진 기억들
전쟁 포화 속
무너진 꿈들이 울부짖는다

진하디진한 피의 강 흐르고
사람들 눈빛 속
상처가 깊다

한 줄기 빛 어둠을 뚫고
희망을 피워내리라
전쟁과 평화는
끝없이 반복되지만

평화를 기다리며
우리는 함께 가야 한다

희망이 꽃처럼 피어나길

거센 바람 몰아치고
세찬 비 내려도
꽃은 다시 핀다

흙 속에 단단한 뿌리 내리고
한 송이 꽃 피우기 위해
어둠을 뚫고 나오는
고통만 견딜 수 있다면…

겨울비 내리면
차가운 날 떠나고
햇살 품은 봄이
다시 찾아온다

힘겨운 날 폭풍이 몰아쳐도
아픔을 딛고 일어나야 한다

어둠이 지나면

밝은 날 오리니

서로 응원하는 마음 모아

희망을 피우는

씨앗이 되어야 한다

바람 불고 비가 내려도

우리 삶 속에 피어나는

아름다운 꽃처럼

2025년은

우리 모두

서로를 지켜내는

희망꽃으로 피어나길

가족

우리는
다른 길에 있어도
같은 하늘을 본다
서로를 묶어주는
가족이라는
이름으로

언제나 내 뒤를
든든히 받쳐주는
그들이 있어
나는
햇살처럼 피어난다

서로 기대는
언덕이 되어주며
우리는 그렇게

서로의 힘이 된다

미울 땐 웬수지만
고울 땐
서로 기댈 수 있는

이 세상
가장 큰 선물은
가족이라는 이름의
기적이다

구포시장

부산 북구
백양산 능선 아래
굽이굽이 흐르는 낙동강 따라
구포에 오일장이 열린다

3일 8일
달력에 숨겨진 약속처럼
어김없이 열리는 재래시장
최신식으로 단장한 지붕 아래
각기 다른 물건들이 사연을 뽐낸다

소나기처럼 바쁜 상인들
그 손놀림 사이 사람들
양손 무겁게 하루를 담아간다
구포시장엔 없는 게 없나 보다

오가는 발걸음 속

수많은 인생이 스쳐가고

석양이 장바닥 붉게 물들이면

빈 좌판 위엔 빗자루 소리 요란하다

어둠 속

침묵은 자리를 펴고

오일장은 꽃처럼 사라진다

아침에 피었다

밤이면 지는 꽃처럼

시를 쓰는 이유

나는 시를 쓴다
내 마음속 깊은 울림을
작은 속삭임으로
세상 속에 흩뿌리기 위해

어떤 날 감정
무거운 비가 되어 내리고
어떤 날 감정
새벽 별처럼 반짝인다

말로 할 수 없는
마음속 고백들
은빛 바람에 실어
조각난 언어로 풀어본다

내 기도처럼

나를 위로하고

누군가를 위로하며

세상 어디에 있든

내 작은 언어가

한 줄기 빛이 되기를 바라며

시는

내 마음속 숲길

작은 희망의 노래

내 안에

또 다른 나를 알게 해준

세상에서 가장 가까운 벗이다

감사

따뜻한 말 한마디
조용한 미소 하나
지친 하루 햇살처럼 다가와
마음의 문을 열게 하네요

세상이 무심해도
그대는 따뜻했기에
오늘도 고개 숙여
진심을 담아봅니다

그대가 있어
참 다행입니다

감사합니다
내 마음 알아준
그대에게
감사를 보냅니다

그늘에서도 꽃은 핀다

우리는 가끔 길을 잘못 들어
햇살을 등지고 걸어간다

실수는 빗물처럼 스며들고
실망은 젖은 그림자 되어 따라오지만
비 내린 자리 먼저 피는 건
들꽃이라는 걸 나는 기억한다

가장 낮은 곳에서
가장 먼저 빛을 향해 고개 드는
이름 모를 풀잎들
눈에 잘 띄지 않지만
그늘에서도 꽃은 핀다

창포원

경상남도 거창군 남상면
창포원에 꼭 가보아야 한다

봄 여름 가을 겨울
끝없이 펼쳐진 길 따라
수만 가지 나무와 꽃들이
부지런히 살아간다

겨울잠 깨어난 새싹들 고개 내밀고
물 위에 비친 초록잎
햇살에 반짝인다
장미꽃 흐드러진 여름
강렬한 태양 아래
흑장미 더 짙게 피어난다

여름 끝자락에

슬며시 전해오는 국화 향기
마치 소리 없는 아우성 같다
만발한 국화
늙은 갈대 피어 있는 길
달달한 가을바람 불어와
코끝을 스치고 지나간다

하얀 눈 내리는 겨울
늦게 피어난 들꽃
다시 올 봄 기다리며
마지막 힘을 다해 피어 있다

누군가에겐 오랜 고향의 향기
누군가에게는 설렘
또 다른 누군가에게는
한 편의 추억이 된다

창포원 나들이
자연이 주는 아름다운 선물이다